꽃 한 송이

오름시인선 · 71

최송석 시집

꽃 한 송이

■ **序詩**

시한時限 속에 존립한

　　입자粒子 하나

민들레 홀씨처럼

　　바람에 날리다

까마득 허공에 올라

어데로 떠 가는지

지울 수 없는 그리움

　　남겨두고 떠가는

　　　　하얀 그림자

2024년 10월 **최송석**

■ 차례

005   序詩

1부 꽃 한 송이

013   하루
014   도시 그림
015   바람
016   꽃 한 송이
017   등불 하나 걸어놓고
018   목련이 필 때면
019   삶의 조각
020   2월
021   입춘 일기
022   로드 · 킬 Road Kill
023   풀꽃 하나
024   갈대
025   난향
026   하늘 약속
027   봄바람
028   첨단 기계 문명

2부 감사하라

033 건널목
034 무심지경無心之境
035 감사하라
036 통증
037 허공 1
038 창백한 십자가
039 먼 산 아래
040 두려움에 대한 생각
042 사랑하게 하소서
043 메시지
044 빛섬 미술관 기행
046 눈이 내리네
047 한지韓紙 창호
048 물의 자유
049 어떤 날
050 트라우마Trauma

■ 차례

3부 밤비 내리는

053　나비
054　어스름
055　밤비 내리는
056　몽돌해변
057　4월에게
058　눈물에 대하여
060　봄비
061　어떤 날
062　커피 한 잔
064　11월 18일 일기
065　대청호반
066　양귀비꽃
067　호접난 胡蝶蘭
068　혼돈의 시간
070　플랫폼
071　아침햇살

4부 웃음 찾기

075 웃음 찾기
076 촛불에게
077 시간과 시간 사이
078 과수원 풍경
079 입추立秋
080 고추잠자리
081 회상
082 기다림
083 가을
084 지리산에 올라
086 묘비
087 9월에 서서
088 소리 듣기
090 입동立冬 날에
091 손수건
092 종구락

■ 차례

5부 망구望九의 언덕

095 폐교
096 11월의 자작나무
098 싸리나무
100 망구望九의 언덕
101 촬영실
102 밤길
103 택배
104 봄, 봄
105 증명사진
106 푸른 달빛
107 벚꽃 지던 날
108 무임승차권
109 악몽
110 춘궁 그 추억
111 섣달 그믐
112 5월 이야기

114 |평설| 愼鏞協 | 허무虛無 속에서 실존實存찾기

1부

꽃 한 송이

...

*어느 순간 내가 꽃이 되기도 하고
누군가 한 송이 꽃으로 떠나고 마는,*

하루

아파트 공간에 갇힌 사유
집 밖을 나서기가 쉽지 않다.

창밖으로 보이는
먼 산 그림자
하늘에 떠가는 구름자락을 보다가
기우는 해 그늘 저무는 하루

나는 유리창에 박힌 채
슬픈 정물靜物이 되어
하루가 무너지는
허무를 보고 있다.

도시 그림

길 위에 차가 부딪쳐
사고가 나고

대낮인데 전광판에
광고가 춤을 추고

신호가 끊긴 건널목을
사람들은 계속 건너간다

속절없는 세상이 어찌나 바쁜지
살기 위해 잡아둔 시간이
모두 빠져나간다

악착스레 쥐어 든 내 손안에
잡혀있는 것이 무엇인가
손을 벌리고 쳐다보니 아무것도 없다

만공의 하늘에
구름 한 점 떠간다.

바람

바람이 나를 실어가고 있었다

아무도 모르게
왔다 가는 바람은

앙상한 가지를 흔들다
흰 머리칼을 스치며
가버리는 바람은
속으로 생성과 소멸의 혼을 품고
지나가고 있었다

어리석게도
바람은 바람일 뿐
왔다 가는 속내를 까맣게 모르고
흘러가는 세월만 따라가고 있었다.

꽃 한 송이

누구의 사랑이냐
첨단문명 시대
굴레에 갇힌 인정

문명의 벽은 새로운 벽을 만들고
바라보아도 보이지 않는

절박하리
모두를 버리게 되는 무서운 순간에도
우리는 두렵거나 아픈 감각을 느끼지 못하고
먹먹히 눈만 멀뚱거리다가

어느 순간 내가 꽃이 되기도 하고
누군가 한 송이 꽃으로 떠나고 마는,

등불 하나 걸어놓고

가슴에 등불 하나 걸어놓고
잃어버린 사랑을 찾아
어둠과 마주 서 있다.

허망히 지나간 시간은
굴곡진 무늬로 박혀있고
등불 아래 드리운 그림자
모두 허상으로 떠있다.

내 진실한 고백
온유한 사랑 하나 기다리는데
아직껏 그 손길 미치지 못하고
하얗게 부서지는 독백

기다림은
등불의 심지를 돋우며
다시 간절한 소망의 고백에 든다

목련이 필 때면

한때 내 그리움이
목련에 매달려 있던 것은
꽃이 필 때 떠나버린
이별 때문이었는데

목련은 올해도 피고
내년에도 피겠지만
떠나버린 이별은
가슴에 고일뿐

서러운 건 꽃이 아니라
내 사무침이 목련에 매달려
화려한 슬픔을 꺼내고 있기 때문이었지.

삶의 조각

아파트 주차장 갓길
좁은 보도블럭 위
붉은 고추가 보자기만큼 흩어져
가을 햇살에 몸을 말리고 있다.

초라하지만
한 계절을 거두고 있는
자상한 손길이 얼마나 고운지

고추 몇 줌 햇살에 널어놓고
시간을 기다리는 삶의 한 조각

적지만 감사하는
주인의 심성이 햇살에 반짝인다.

2월

회색 여백 속에
기다림이 서 있다

겨우내 굳은 관절이
통증을 동반한 발걸음을
내딛는다.

아직도 매서운 바람
햇살의 감각은 부드럽다

양지바른 두둑에는
벌써 싹을 틔운 푸른 생명
2월은 기다림의 여백이다.

입춘 일기

아직도 칼바람이다.
흙 속에 묻힌 생명들
무슨 부활의 꿈을 꾸고 있을까

공연스레 희망에 부푸는 것은
나즉한 햇살이 곱기 때문이다

지난 가을 받아둔 꽃씨 한 줌
빈 화분에 심어 봐야겠다

싹이 터 푸른 줄기가 올라오고
꽃이 핀다면
내 봄은 얼마나 찬란할까

로드·킬 Road Kill

로드·킬 현장
눈을 뜬 채 떠난 생명의 발버둥이
촉이 되어 가슴에 꽂힌 뒤로
한동안 통증을 겪다가

누구의 잘못인지를 곰곰이 생각해 보았지만
비굴하게도 결론을 생각하기 싫어서
그저 운명이라 생각하기로 했었다.

하지만 사실은 내가 인간인지라
그 근원을 따지고 들면 할 말이 없다.

풀꽃 하나

보도블럭 틈새
한치도 못 되는 작은 풀꽃
노랗게 앉아있다.

얼마나 간절한
생명의 기다림이
자리를 지켜왔기
돌 틈새에 뿌리를 내렸을까

수많은 발자국
지나가는 보도 위
밟혀 꺾이지 않고 살아서
피어나는 꽃

무성한 여름
그 가냘픈 목숨 줄기
생명은 모두가 우연이 아니다

갈대

푸른 날개 펼치고
바람의 흔적을
증언하는 자

흔들며 지나가는 것
어찌 바람뿐이랴

서 있는 자리
변해가는 계절

푸르던 꿈
달빛 별빛 지나가며
하얗게 흔들리는 바람

갈대는 머리 위 하늘을 보며
계절의 끝자락을 뿌리에 묻는다.

난향

밤과 낮 창변을 스쳐간 뒤
가끔씩 열리는 하늘

홀로선 자리에 뿌리를 내리고
한동안 고독한 주변을 기웃대다
속으로 잉태한 푸른 꿈

삶은 그 증거로
푸른 꽃대궁을 밀어 올리고
아무도 모르는 시간의 틈새에서
속 깊은 얘기를 풀어놓으며
거실 가득히 차오르는 숨결

생명의 소리를 눈으로 보는
뗄 수 없는 아득한 시선.

하늘 약속

종이 봉지에 담아 두었던
꽃씨 하나
봄날 작은 화분에 묻어두고
조석으로 기다리는 시간이 지나갔지

생명의 탄생은
인간 지혜가 아니라
하늘이 내려주는 약속이라는데

해와 달이 제 궤적을 돌고 있을 때
흙에 묻어둔 꽃씨 하나

어느 날 푸른 머리를 들고 일어나
나를 바라보며
생명이 태어나는 길이 무엇인지 아느냐
묻고 있었어.

봄바람

봄꽃이 일찍 피더니
끼어든 계절의 혼돈
여름인지 아직도 겨울인지

꽃은 떨어져 바람에 쓸려가고
변덕스런 계절에도
대지 위 생명은 날개를 펼친다

세상은 초목이나 짐승이나 사람이나
생명은 오직 하나
어느 것이나 그 무게가 가벼운 것이 없다

초목은 그들의 존립을 위해
각자 속 깊은 묵시의 기도를 하며
자연의 순리에 적응해 가고 있다.

첨단 기계 문명

첨단 기계 문명 시대
사회 조류가 얼마나 급변하는지
정신이 혼란스럽다

로봇이 노동력을 지배하고
AI, 챗GPT가 인간 자체를
지배하는 세상이 되었다

예술 작품을 창작하는 로봇
인간 난제難題를 척척 풀어주는
총명한 인공지능 기계

하지만
피가 도는 따뜻한 심장
사랑과 연민과 눈물이 흐르는 감성
인생 희로애락의 숨결이 삶의 줄기인데

첨단 기계 만능시대 쉽고 편하면
인본이 무너져도 기계에 쏠리는 신 메카니즘.

18C 서양에서 죄인을 사형에 처할 때 사용한
쉽고 편한 단두대 길로틴Guillotine*
그 기계 발명한 사람
자신의 목숨도 그 기계에 이슬로 사라졌다는데.

* 길로틴(斷頭臺) Guillotine(기요틴) : 佛에서 1792 사용 시작

2부

감사하라

...

벽에 걸린 한 해 달력
마지막 남은 한 장을 볼 수 있다면
남아있음에 감사하라

건널목

하얀 선이 깔려있는
건널목
붉은 신호등이
앞을 가로막고
더딘 발걸음을 통제한다

4차선의 길폭
몇 초에 이 선을 건널 수 있느냐
발걸음의 속도를 속으로 계산하다
깜박이는 점멸등에 자신이 없어
건널목 앞에 멈춰 서 있다.

무심지경 無心之境

적멸寂滅의 시간
무심지경
마음에 욕심을 지우는 일이 우선인데

마음 고쳐먹고 성찰을 앞세워
눈을 감고 내가 나를 바라보는 시간

어쩌다 입에서는
아직도 기복祈福의 습성 그대로 남아
"주옵소서"만 외우게 되나

무심 속에 나를 찾는 일
언제쯤 그 지경에 들 수 있을지
아득하기만 하다.

감사하라

벽에 걸린 한 해 달력
마지막 남은 한 장을 볼 수 있다면
남아있음에 감사하라

손 끝에 잡히는 계절을 감지하며
걸어서 큰 길로 나와 차를 탈 수 있다면
아직도 남은 축복에 감사하라

끝없는 광야에서 삶이 헤매고 있을 때
내일이란 희망을 믿을 수 있다면
그 희망에 대하여 감사하라

절박한 고독에 직면할 때
속으로 파고드는 내 안의 진실한 언어
기도할 수 있음을 감사하라.

통증

가시 하나
속으로 박히더니

갈수록 상처가
깊어지고

상처를 의식하면
통증은 더 심해지는데

까짓것 뽑으면 되는 것을
그 처방을 알 길이 없네.

허공 1

허망한 세상
홀로 돋아난 슬픔

살면서 파고드는 그리움
지우지 못하고
사유의 그물에 허상이 걸려
한참 허공을 바라보다가

다시 볼 수 없는 것
스쳐 지나는 빈 시간에
풀벌레 울음처럼 스미는 소리.

창백한 십자가

대속의 피 흘림 붉은 십자가
교회 첨탑에서 종소리 울리며 어둠을 밝히다가
종소리는 소음이란 시류에 밀려 쫓겨나고
근래에는 십자가마저 위치를 알리는 광고판으로 변해
가는데

기도 제목을 잃어버리고 헤매다
하늘을 바라보며 창백한 십자가에
주기도문을 간절히 묵상하다가

기도의 집에 들어가
헌금 봉투의 입을 열려고 바람을 넣었더니
봉투 한가운데 구멍이 뚫려 바람이 새버리고
억지로 지폐 몇 장 밀어 넣고 불어 보니
뚫린 구멍이 봉투 속 지폐의 질량을 가늠하는
확대경이 되고 있었다.

하늘은 인간의 머리칼 한 올까지도 헤아리고 있다는데
왜 십자가는 자꾸 창백해지는 것일까.

먼 산 아래

아득히 보이는 먼 산이
하늘에 닿아있다

가물대는 산꼭대기
하늘에는
신비로운 소망이 걸려있다

사람들은 큰일이 생길 때마다
하늘에 대고 얘기를 한다

절망이든 슬픔이든 소망이던
사람들끼리 할 수 없는 얘기를 한다

산 아래
땅 위에는
두 손을 모으고 살아가는 생명들이 있다.

두려움에 대한 생각

창백한 바람이 스치는 어둠 속
죽음보다 무서운 두려움이 있었다

부딪히는 절망 앞에
어찌할 겨를조차 없이 닥쳐버린 운명
유혹보다 두려움이 더 컸을지도 모를
가롯 유다의 은 30냥

조여드는 불안과 공포
베드로의 절박한 두려움은
벗어나지 못할 올무에 갇히고

인간이 한계 상황의 절벽에 섰을 때
무엇을 먼저 생각하게 될까

지독한 시련의 극복
초월인간이 되어야 하지만
쉽게 이루어질 수 없는 일이다

두려움이 낳은 배신
인간의 속성일런지도 모른다
언제나 나약한 인간
속죄의 길밖에 없다.

사랑하게 하소서

가슴시린계절 황량한 자리에
당신의 존재 변함없는 사랑
내 허망한 근심에 사랑을 내리소서

맨발로 걸어온 길
두렵기도 하고 외롭기도 할 때
내 영혼 속에 들어와 나를 바라보게 하고
미련한 생각을 잠재우신 당신의 사랑

세상은 잠시동안에도
수시로 변하는 각축角逐의 바람속에
사방에 도사린 배리의 장벽이
내게도 들어서기 시작할 때
당신의 손길로 사랑을 내리소서

아무도 보이지 않는
당신의 손길을 알게하시고
내가 경외敬畏하는 사랑을
진실로 사랑하게 하소서

메시지

아버지 건강하셔야 되요. 파이팅
    (2020년 1월 2일. 목요일)

- 그가 떠난지 수년이 지났어도
  아직도 그 문자 지우지 못하고.

빛섬 미술관* 기행

> – 선은 죽음을 가로지르고
> 색채는 천상의 향연을 펼친다 – 김인중*

일년내 외출 한 번 못하다가
가을 단풍이 꽃처럼 고운날
빛섬 미술관을 찾아갔다

크고 넓은 전시관
까마득한 벽면에 그림이 걸리고
빛과 색채가 마주친 선

누구의 영혼이 춤을 추고 있는 것인지
심장에 차오르는 박동은 무엇일까

스테인드글라스의 거장
그의 영적 감각은 천상의 소리를 경험한
소리의 선율이 빛과 선으로 채색되어
불화살 같은 촉으로 꽂히는 묵시록일런지

다시 한 바퀴를 더 돌아
벽을 바라보며 나도 벽이 되어 서 있다가

전시장 끝 창밖을 보니
벌써 미술관 주변에는 하늘이 내려앉기 시작했다.

* 빛섬 미술관 : 충남 청양 정산면 역촌리 소재
* 김인중 신부 : 서울대 회화과 졸. 파리 가톨릭대 수학. 1974 프랑스 도미니코 수도회 사제. 유럽 개인전 200여 회. 프랑스, 독일, 스위스 유명 성당 40여 곳 작품 설치

눈이 내리네

내 가냘픈 영혼
그 깊은 곳으로 내리는 평화

사랑도 연민도
지친 일상에 숨 가쁜 호흡을
누구의 손길이 찾아와
포근히 감싸주고 있는 것이냐

생명이 갈등하는 대지 위
잠시나마 환희의 순간으로
세상을 바꾸면서
조용히 자신을 바라보게 하는
정갈한 마음이 마주 서 있다.

한지韓紙 창호

안과 밖 차단의 창문
유리의 촉감이 차갑다

침실과 서재에
걸었던 커튼을 걷어내고
창문 유리에 한지를 덧붙였다

밖이 투명하게 보이지는 않지만
한지 창문으로 들어오는 빛
한결 부드럽고 포근한 느낌이다

해가 뜨고 달이 뜨고
한지 창문에 스며드는 촉광
창밖에 바람이 매서울수록
방안은 더욱 아늑해서 좋다.

물의 자유

목이 타는 갈증
생명체의 고통은 질식의 벽에 부딪히게 된다

태초에 말씀으로
있으라! 함에
물은 위에서 아래로 흐르고
빈 곳을 채우며 생명을 품고 있었다

물은 자유롭다
무한 변신의 자유는
타자를 위한 순응이며
신의 손길같이 천지를 맞잡고 살아간다

극심한 갈증의 한계 상황에서
살아남은 생명은
물에 대한 생각을 깊게 한다

물의 자유
그 속에 생명의 본질이 숨어있고
자연은 그와 더불어 살아간다.

어떤 날

하늘에 흰 구름이 떠 있고
바람결이 부드러운 날
하얗게 늙은 민들레가
하늘로 자유롭게 날아가고 있었다.

떠나온 자리엔
척박한 땅에 아리게 내린 뿌리와
아직도 운명처럼 서 있는
마른 꽃대궁
지나가는 바람에 흔들리고

가던 길 멈춘 발걸음
하늘을 쳐다보다
땅을 쳐다보다
멀리 떠난 민들레 하얀 얼굴이
자꾸만 가슴 속으로 가라앉고 있었다.

트라우마Trauma

폐쇄된 시공時空에 정신을 묻었다가
다시 정신을 차렸을 때
내 곁에 쌓이는 우울과 공포

아무나 체험하는 일은 아니지만
수술대에 올랐다 중환자실을 거쳐온 사람들
어쩌면 같은 체험을 하는 게 아닐까

폐쇄의 공포
통증의 트라우마
우울증에 뿌리박고 삶을 괴롭히는데

가끔 상가喪家에 문상을 하면서
떠나신 분의 마지막을 상상하면
트라우마는 숨길 수 없는 아픔이 되어
나를 바라보는 영정을
끝없이 끝없이 바라보고 서 있게 된다.

3부

밤비 내리는

...

맺혔다 떨어지는 빗방울
핏줄처럼 퍼져가는 유리창에는
퇴색한 영상이 경직된 채 함몰되고 있었다

나비

길고 먼 시간
어둠 속에서 꿈을 잉태하고 있었다

겹겹이 쌓이는 어둠을 더듬으며
살아있는 작은 심장 하나

깊은 꿈속에 빠져들어
내세의 꽃길을 설계하며
어둠의 장벽에서
숙명을 받아들이고 있었다

어느 날
꽃이 피듯 촉수로 벽을 허물고
기어나온 껍질 밖의 세상

돌연히 만난 햇살에 영혼을 깨우며
날개는 하늘로 날고 있었다.

어스름

저녁 어스름
슬며시 깔리는 시각

아직 등불을 켜지 않은 채
혼자 있는 자리가
적막하다

창밖 어둠이
서서히 안으로 기어들어
장막이 겹치는 공간에서

내가 나를 찾는 늪 속에 빠지다가
내 속으로 기어든 나를 발견하고서

한참 만에
어둠을 밀어내는 등불을 켰다.

밤비 내리는

밤비 내리는 창가
마주선 그림자

유리창에 매달린 빗방울의 눈동자
투영된 그림자의 얼굴에 부딛쳐
눈물처럼 흘러내리고

맺혔다 떨어지는 빗방울
핏줄처럼 퍼져가는 유리창에는
퇴색한 영상이 경직된 채 함몰되고 있었다

어둠은 갈수록 두터워지고
마주선 그림자의 얼굴
빗방울의 눈동자 다시 흘러내리고.

몽돌해변

바람결이 쓸쓸한 해변
서있는 그림자 길에 늘어지고
숨차게 달려왔다
끝없이 가버리는
푸른 바다 출렁이는 물결이 헤섧다.

밀려왔다 밀려가는 물살의 손
억겁을 살아온 몽돌의 증언은
우루루 몰려 서로 살을 비비며
천둥보다 더 요란한 울림으로
가슴을 파고드는 속 울음소리

소리의 파장은 끝없이 퍼지다가
되돌아오는 물살에 실려오고
몽돌의 흐느낌이 계속되는 해변에
서 있는 건 혼자뿐이다.

4월에게

꽃이 피다 떨어지고
다시 피지 못한 꽃봉오리
4월의 대지는 역사의 숨결이 치열했다.

아직도 숨찬 가슴
들불처럼 번지던 그날의 노도는
정의 하나 지키려다 꺾여나간 네 이름
4월은 슬프지만 외롭지 않다

역사의 줄기를 바로 세우는 일
목숨 바쳐 닦아 놓은 길
누가 함부로 사랑하느냐

불타는 혼 깃발이 되어
4월 하늘에 펄럭이는 숨결

바위 돌에 새겨진 네 이름을 쓰다듬으며
그리운 노래 함께 불러보는 4월은
햇살도 찬란히 어깨 위로 내린다.

눈물에 대하여

눈물은
지극히 절제된 언어다

뜨거운 가슴에서 넘치는
감성의 눈물은 거짓이 없다

생존은 언제나 평탄치 않아
때로 땀 흘리고 눈물 흘리고
면면이 살아오게 마련이지만

눈물은 허상을 뛰어넘어
진실한 사랑과 희생과 헌신의
심성에 부딪혀 터지는 공감의 샘이다

자신이던 타인이던 민족이던
살아오는 동안 뜨거운 눈물
몇 번이나 흘리며 지나왔는지

구석진 곳에 쭈그리고 앉아있는
상처난 삶의 그늘을 보면
가슴에 눈물이 맺힐 때가 있다.

봄비

이슬같이 내리는 봄비
마른 가지에 눈물처럼 맺히고

파란 눈이 트이고
꽃이 피려면
아직은 기다리는 그리움이
먼발치에 서 있지만

푸른 꿈에 깊이 든
푸른 생명들
흔들어 깨우는 봄비의 사랑

봄비는
기다리는 그리움 안고
앙상한 가지에 촉촉이 내린다

어떤 날

라벤더 향이 짙게 풍기는
꽃밭 벤치에 앉아
무료한 시간에 묶인다

이따금 꽃들의 숨결이
스쳐 지나고
나는 졸음 같은 시간 속에서
지나간 시간을 찾는다

나이 들수록
육신의 존립을 위해 노력하는 것은
스스로 가누지 못할 때
주변에 끼치는 폐해 때문인데

하루를 감사하며
절실함을 찾을 뿐이다.

커피 한 잔

무료한 시간이 평화롭다

한 잔의 차
안식의 시간이 되는
일상은 감사하다

숭늉밖에 모르던 우리
커피는 풍속을 바꾸고
차의 대명사가 되었다

다향을 즐기며
대화를 나눈다는 것
잠시간이라도 행복한 것인데

요즘 커피 차는 종류도 다양하고
앉아 다향을 즐기기보다
들고 다니며 마시는 음료수가 되어
커피 문화도 달라져 간다

다향처럼 번지는
차 한 잔의 정겨움
이제는 시속 따라 그마저 변해간다

11월 18일 일기

문학관에서 행사를 마치고
밖으로 나왔을 때는
어둠이 깔린 밤길에 바람이 매서웠다

길을 건너려다 손을 잡혀 들어간 찻집에는
몇 사람의 문우들이 얘기를 나누고 있었고
우린 서로 둘러앉아 반세기쯤 지난 얘기를
나누며 옛날의 문단을 회상하고 있었다

집에 돌아와 휘감기는 젊은시절을 생각하며
아내와 지난세월 얘기를 나누다
밤늦게 알약을 먹고 잠에 들었다

아침에 일어나 밖을 내다보니
첫눈이 포근히 내려 하얗게 쌓였는데
멀리사는 후배시인이 제 동네도 눈이 왔다며
설경을 보내면서 내 건강을 당부하고 있었다

대청호반

맑은 햇살이 호수에 내려와
유리처럼 반짝이는 오후
찌든 일상을 벗어난 외출이
서럽도록 푸르고 한적하다

풀숲에서 우는 벌레소리
스치는 바람결에 흔들리는 들꽃
꽃보다 더 짙은 풀냄새가
싱그러운 대청호반에는
잠시나마 선한 마음으로 자연을 보게한다

호반의 짧은 오후
가슴에 푸른 그림자로 가라앉는 시간

어둠이 깔리는 밤하늘엔
잃어버린 전설의 별이 뜨고
별빛 속에 잠기는 풀꽃 같은 하루

내가 나를 찾는 조용한 기다림이
깊이를 알 수 없는 늪 속으로 빠진다.

양귀비꽃

바람이 없어도
흔들리는
붉은 유혹

가냘픈 몸매에
요염한 속삭임

누구의 사랑을 위한
기다림인가

발길 붙잡고
몸 기대는 고운 숨결.

호접난 胡蝶蘭

짙은 자줏빛 꽃잎
화사한 호접난 화분에는
먼저 떠난 자의 이름이 붙어있었다

한동안 피었던 꽃이 떨어지고
꽃대궁마저 말라버려
화분은 베란다 구석으로 자리를 옮긴 뒤
무심한 세월이 흘러갔는데

어느 햇살 고운 봄날
죽었던 호접난은
누구의 힘으로 부활하고 있는 것인지
꽃대궁이 올라오고 꽃망울이 맺히면서
거실로 옮겨와 부활의 선서를 하고있었다.

가고 오지 못하는 생명과
죽었다 다시 돌아온 난의 부활
화려한 슬픔이 피어나고 있었다.

혼돈의 시간

시간이 거친 파도처럼 밀려가고
하루가 아슬아슬
역병이 생활 속으로 파고들어
삶의 발목을 잡고 있다

겹치는 고통에 무딘 신경은
옳고 그릇됨 판단조차 귀찮고
당장 앉은 자리 나만 편하면
내일은 무너져도 상관이 없다

통치는 훔치고 숨기고 편 가르기뿐
거덜난 곡간 함몰되어가는 사회는
모두가 남의 탓이다

세 끼를 굶어본 적 있는가
삼 일은 굶어본 사람 있을까
가까운 과거를 되돌아보며
오늘의 지혜를 찾아야 한다

역경, 역병을 이겨낼 수 있는 힘
우리 얼마나 서로 사랑할 수 있을까
하늘은 스스로 돕는 자를 도울 것인즉.

플랫폼

기적이 울면서
차는 떠나고

창밖 플랫폼
흔드는 손

서 있는 그림자
스쳐지나는 시간

속으로 파고드는
아린 통증 하나.

아침햇살

어둠에 밀려온 우울 때문에
밤새 불면에 들다가
온몸이 저려오는 통증으로
어지러운 밤을 지내고

그래도 동트는 아침햇살이 있어
떠오르는 햇살을 지켜보면서
나는 한동안 아무 말도 하지 못했다

햇살이 떠오르고
등줄기 타고 내려오는 햇살이
전신에 퍼져 속까지 전율을 느낄 때
안으로 퍼지는 내 육신의 평화

오늘을 맞는 하루햇살이
다시 당신을 알 수 있는 소중한 증거라면
나는 오늘 하루를 어떻게 감사해야 할까.

4부

웃음 찾기

...

뭉게구름이 부서진 푸른 하늘
허공에 선율을 긋고 지나가는
날개의 자유

웃음 찾기

일상이 얼마나 팍팍한지
웃어볼 계제가 별로 없다

웃음은 기쁨이고 사랑의 발로이며
희열 속에 피어나는 삶의 꽃인데
문명사회 일상이 복잡해지면서
사람들은 웃음을 잃어가고 있다

웃음이 없는 사회
사람들의 심성은 거칠어지고
이웃 간의 인정도 도탑지 않다

언짢은 일이라도 웃음으로 대하고
작은 기쁨이라도 함께 웃어줄 때
사람들은 서로 복을 받는다는데

웃음을 꽃 피워 희망을 키워가는
그런 세상을 만들기 위해
걱정보다는 웃음을 키워가야 하겠다.

촛불에게

정화수 떠놓고 하늘 우러러
영혼을 밝히던 촛불

제 몸 불사르며 어둠을 쫓아내는
촛불 정신은
인간 양심을 버릴 수 없는 몸부림인데
어쩌다 촛불이
정직한 삶에 방화로 번지는 것일까

모두가 탐욕이다
위선의 탈에 파묻혀
겉과 속이 딴판인 세상

때 묻은 손길이여
함부로 촛불을 들지 말라
온몸 불태우며 눈물 흘리는 촛불
깨끗한 손길만이 촛불을 들 수 있을지니.

시간과 시간 사이

너댓 발걸음되는 화장실 간격
한밤중에는 그 간격이 멀다

고장난 몸속에
털어 넣는 알약의 부작용
의사도 알고 나도 안다

잠을 설치고 난 아침
거실에 들어온 햇살이
어깨 위에 내려앉는다

나른한 시간이 재깍재깍
1분 5분씩 잘려 나간다

초침이 돌아가는 시간의 마디
세월이 침식되는 지표 위에
내가 어데론가 실려가고 있다.

과수원 풍경

사람과 나무가 함께 살아가는
과수원
열매는 가지에 매달려
하늘을 품고 있었다

나무도 사람도 두 팔 벌리고
햇빛 달빛 받으며
하늘과 은밀한 얘기의 통로를 만들고
변해가는 계절을 지켜보면서
속으로 생명 하나 핵으로 키우고 있었다

사람은 사람대로
나무는 나무대로 서로 손잡고 소망을 기도하며
바라본 하늘

찬란한 햇살
열매속을 채워 오다가
생명 하나 튼실한 힘이 축적되는 날
과수원은 감사의 흔적이 곱게 채색되고 있었다.

입추立秋

아직은 더위가 가시지 않아
입추가 무색한데
조석으로 색다른 바람결에
자꾸만 하늘을 올려다 보게된다

늦더위 견디기 힘들어도
열매는 뜨거운 햇살에 여물어가고
자연은 더위만큼 여망을 갖게한다

오묘한 자연의 섭리
조금만 더 있으면 하루가 다르게
계절은 언제 바뀌는지 모르게
슬며시 삶의 테두리를 바꾸면서
깊은 가을로 접어들 것이다.

고추잠자리

살갗을 스치고 지나가는
바람결이 한결 가볍다

뭉게구름이 부서진 푸른 하늘
허공에 선율을 긋고 지나가는
날개의 자유

곡식과 열매가
속으로 여물어 간다.

회상

밤하늘 은하수
멍석에 누워 바라보던
가난한 날의 행복

긴 세월 불면의 밤은
밤하늘 별 한 번 바라보지 못하고

거대한 울안의 벽에 갇혀
생존을 위해 걸어놓은 등불의 경쟁

지금은 밤에도 별이 뜨지 않는
외로운 동네에 산다.

기다림

걸어가는 길 위에 바람이 불고
어느 지점에선가 멈춰선 시간
속으로 파고드는 바람의 무게가
감당하기 힘들만큼 무겁다

멈춘 시간이 길어질수록
내 안에 도사리는 잡을 수 없는 형체
무엇을 잡아야 할지를 끝없이 생각하다가
다시 부딪쳐 만나는 빈 시간

나는 나도 모를 절실한 소망 하나
마음속에 싹트고 있음을 알게 되고
그것을 위해 길 위에선 시간을 붙잡고
보이지 않는 바람 속을 뒤지고 있다.

가을

공원 나뭇가지에
늦가을이 걸려있다

쓸쓸함이 어데론가
길을 떠나야 할 것 같다

찬바람이 불면서
왜 마음까지 심란해지는 것인지

늙을수록 못 견디게
그리운 게 있다

이 가을 어찌 보낼지
화살 맞은 짐승처럼 절룩거린다.

지리산에 올라

지리산 꼭대기 천왕봉에 올라
하늘을 보고 발 아래 땅을 보고
얼마나 귀한 자리에 올라선 것인지
온몸이 짜릿하다

언제 한 번쯤 오를 수 있을지
소망뿐이었는데
어쩌다 산은 내 발길을 허락해 주었을까

발 아래 펼쳐진 지리산의 세계
존재하는 생명 모두를 품어 기르며
전쟁과 평화 소멸의 역사까지 품고있는
장대한 가슴

티끌 하나 기어올라 꼭대기에 닿았으니
그 발길 오만해질까 조심스럽다

천왕봉은 사방을 다 열어주었다
거칠 것 없는 광활한 대자연 앞에

풀잎처럼 흔들리는 존재
산은 끝없이 펼쳐져 하늘을 끌어안고
거대한 가슴 지리산으로 솟아있다.

묘비

공원 묘원에 서 있는 묘비
무엇을 증언하는 슬픈 증거냐

이 세상 왔다가는 인생
집약된 몇 글자 비문
땅 위에 남겨진 유적이다

사실은 슬프지만
슬프지 않은 가문의 역사

빛나는 유적을 남기고
하늘로 올라갔거나
극락세계로 떠나신 분들

영생의 영혼이 오르내리는
엄숙하고 숭고한 묘원에
각위마다 하나씩 가문의 표상을 세우고 있다.

9월에 서서

열매 여무는 계절
9월이 지나가고 있었다

한낮 따가운 햇살에도
조석으로 바뀐 바람결
초목은 푸르름의 정점에서
가을이 익어가고 있었다

벌써 벼를 거둔 들판이 있고
햇살에 익어가는 과수원
청명한 하늘이 내려앉은
9월은 땀 흘린 발걸음을
한 발쯤 늦추는 여유를 갖게 한다.

소리 듣기

오래전 이명이 오고
도시 소음에 찌든 청각
나이만큼 깊은 수렁으로 빠지는데

청음 한 자락 선 위로 올라오는
자연의 소리

청량한 산새 울음이나
돌돌 흐르는 도랑 물소리
마른 잎 밟고 지나가는
다람쥐의 발자국 소리까지
자연의 소리만 듣고 살았으면 좋겠다

별이 내리는 저녁이면
풀벌레 울음소리가 크게 들리고
지그시 눈을 감으면 유년의 고향 푸른 벌판이
큰 그림이 되어 다가서기도 한다

현대 도시 생활은 소음 속에서 산다
문을 닫고 방안에만 있어도
층간 소음으로 전쟁하는 시대
소음을 음악으로 들을 수 있는 방법을 연구 중이다.

입동立冬 날에

잿빛 구름이 나직하다

조석으로 찬바람이 싸늘해
좀 더 두꺼운 옷을 입는다

가을 걷이가 한창 시작되고
사방이 조금은 어수선한데
공연히 마음 한구석 허전하다

계절의 순환을 지켜보면
자연의 섭리에
경외심을 갖게 되고
스스로 성찰하는 기회가 된다

얼마 있으면 얼어붙는 엄동이 오고
한 계절이 떠난 자리에
하늘은 하얀 눈을 내려줄 것이다.

손수건

꺼내든 손수건
푸른 바람 한 자락 휘감고
회한의 시간을 적신다

접고 접힌 세월
퇴색되지 않고 지켜선
그림자

초록 물결
푸른 대지가 약동하는 계절에

누가 알랴
길모퉁이 아직도 서성이는 그림자
꽃잎 떨어지듯 손수건에 스며든 언어.

종구락

초가집 지붕 위로
박 넝쿨이 기어올라
무성하게 지붕을 덮고

뜨거운 햇살 설핏 기울면
박꽃이 하얗게 웃고 있었다.

철이 바뀌고 더위가 가시면
튼실한 박을 따서
큰 바가지 작은 바가지 종구락 뒤웅박
다용도 그릇을 만들어 쓰던 시대

어머니는 쌀 뒤주에 종구락을 넣어두고
조석으로 쌀을 퍼내는 계량기로 삼으셨다

그 세월 한 백 년
누대를 살아온 내력을 품고있는
닳고 닳은 종구락
지금도 쌀독에 앉아 유구한 가통을 이어오고 있다.

5부

망구望九의 언덕

...

밤은 소망을 기대하며
새 아침을 잉태하는
엄숙한 시간의 정점에 놓여있다

폐교

모두가 떠나버렸다
시간도 역사도 문을 닫았다
남은 것은 녹슬어 낡은 교실과
고요한 적막뿐이다.

교정을 거쳐간 수많은 발자취
아희들의 재잘대던 목소리
뛰고 달리며 응원가를 부르던 운동장
모두가 소멸의 뒷길로 숨어버렸다.

운동장 끝 키가 큰 나뭇가지 위
둥지를 틀고 살던 까치마저
집을 비우고 떠나버렸다

모두들 흩어져 어데로 갔을까
추억의 조각만 슬프게 박혀있는
폐교의 풍경
교문에서 만날 수 있는 것 허망한 세월뿐이다.

11월의 자작나무

하늘의 별만큼 촘촘히 늘어선
자작나무 사이로
늦은 햇살이 조명처럼 비치고
하얀 알몸에 찬바람이 휘감기고 있었다

어느 눈발이 푸덕이던 날
남자 하나
모피 코트에 롱부츠를 신고
두툼한 털모자를 눌러쓴 채
미로 같은 숲속을 걸어가고 있을 것 같은
하얀 자작나무 숲

쓸쓸할 때 그리운 하늘 때문에
꼭대기만 바라보고 키가 큰 자작나무
뜨겁게 사랑하다 떠나가는 계절이
겉으로는 아무런 미련도 없지만

사방이 조금은 어수선한 계절
푸르던 산야가 꽃처럼 물들다 떨어지고

조금만 있으면 그리움에 묻혀버릴
하얀 자작나무 숲에는
이방의 언어가 쓸쓸히 매달리고 있었다.

싸리나무

보릿고개 가난했던 시대
산마저 가난해
벌거숭이가 되던 시절
싸리나무 쓰임새는 요긴했다

초가삼간
싸리울타리 싸리문 안에
싸리바구니 싸리비
전설 같은 민초의 삶은
질긴 끈기 하나로 지탱해 왔다

어쩌다 운 좋은 세상을 만나
산은 다시 푸르고
싸리비를 만들어 고통을 쓸어내던 시대
선대들은 사私를 버리고 나라를 사랑했다

산다는 것
언제나 무거운 짐을 지고 가는 것

살기 편한 세상 문명사회는
싸리울타리를 지켜온 선대가 있었음을
지금 사람들은 기억하기 싫어한다.

망구望九의 언덕

계단을 올라설수록
목적지를 알 수 없다

올라선 층계마다
이슬이 맺히고

오를수록
하늘이 아득하다

미수의 언덕에
소망이 무엇이랴

감사하며 지내다
하늘이 손짓하면
따라갈 뿐이다

촬영실

인물사진 한 장
변변한 게 없는 처지인데
MRI X-RAY 촬영실을 드나들며
그동안 찍은 사진은 수없이 많다

그런 탓일까
병실 침대나 수술실을 생각하면
공연히 두렵고 호흡이 가빠지는
병증도 있다

세월의 무게가 허리를 펼 수 없이
무거운 것은
오래 살았다는 증거일 것인데
생활 문화 의학 기술의 발전으로
사람들은 백세시대를 구가하지만
요양원에 들어가 오래 산들 무엇하랴.

생로병사의 이치를 모를 리 없으니
병고를 겪으면서 남은 시간 어찌 보낼지
묵상의 시간마저 촉박하게 느껴질 때가 있다.

밤길

민박집 뒤로 언덕을 오르는 길
어둠 속으로 별빛이 내리고
더듬거리며 걸어가는 밤길은
어릴 적 인내심을 길러주던 회상에 잠긴다.

5년제 공립농업중학교에 입학해서
새벽 동이 트면 집을 나서 40리길 등교하고
하교 40리, 집까지 도착은 거의 밤길이었다

자갈이 깔린 신작로 돌부리에 발톱이 멍들고
어린 나이 왕복 학교길은 뼈저린 고행이었다

신작로를 지나 들길 둑길을 혼자 걸어서 동구에 이르면
등불을 치켜들며 내 이름을 부르시던 어머니

지금 이 어두운 민박집 뒷길은
내 어린시절 밤길이 새롭게 투영되고 있다.

택배

봄 햇살이 길게 늘어지면서
입맛까지 떨어져 야위는 몸

세월의 무게만큼
육신이 아프다

친구가 전화를 걸어
택배를 보냈으니 받아보란다

늘 건강을 걱정해 주는 우정
병고 견디며 조금 더 살으라는데

건강 챙기라며 보내온 택배
토산 식품이 보물 같다

우정 함께 포장되어 배달된 택배
감사한 마음이 식탁에 가득하다.

봄, 봄

새봄이 나에게 오거든
나는 아무것도 묻지 않으리

어찌 그리 화려한 몸짓으로
빛나는 햇살을 이고 오는지

그립도록 아득한 숨결로
은밀한 계절을 지긋이 밀어낸 뒤
찬란한 옷자락 날리며 오는지

봄은 공연스레 마음 설레는
사방에서 정신없이 꽃이 피더라도
나는 아무것도 묻지 않으리.

증명사진

내가 나인 것을
증명할 수 있는 것
이름뿐인데

믿을 수 없는 세상
그래도 당장 믿을 건
이름 붙은 얼굴이다

얼굴을 증명하는 이름
이름을 증명하는 얼굴

수십 년 전 찍은
주민등록 증명사진
숱한 세월 지나 다른 인물 같다

내가 나를 증명하기 위해
증명사진을 찍는다.

푸른 달빛

푸른 대지 위 푸른 달빛
사방이 고요 속에 떠있는 달

푸른 넋 은밀한 교감이
속으로 주문呪文처럼 퍼지는
푸른 달빛 숨결

소원을 빌어볼까
서러움을 날릴까

눈을 감아도 잠들지 않고
속으로 일렁이는 생명들

대지의 뜨거운 갈등 가라앉히고
안으로 스미는 달빛 냄새

푸른 장막 끝없이 펼쳐지는
달빛 푸른 6월 달밤.

벚꽃 지던 날

구름처럼 피어오르던 벚꽃
밤사이 비바람에 떨어지고

어쩌다 슬픈 이별이
습관처럼 일어나는지
투병 중이던 친구 환절기를 견디지 못하고
손전화에 이별 메시지가 적혀있다

생사길
점멸하는 신호등인가
섭리로 주어진 길 모를 리 없지만
이제는
슬픔보다 그리움이 더 짙은 우리 세대

화려하던 꽃길에 흩어진 잔해
하얀 영혼이 바람에 쓸려간다.

무임승차권

염천炎天
지루한 오후
지하철은 붐비다

기후마저 돌변해
뜨거운 열도가 심상찮은데
하루를 지내기 태산 같다

무임승차권을 갖은 사람들
목적지도 없이
맥 풀린 일상이
고적한 삶을 품고
늘어져 실려간다.

악몽

언제나 미로를 헤맨다

올라야 할 절벽
건너야 할 깊은 강물
악마에 쫓기는 꿈이다.

생시 살아온 게
일상에 쫓기며 살아온 탓일까
푸른 시절 패기는 찾을 길 없고
무력하게 헤매는 하얀 여백뿐이다

프로이드의 정신분석처럼
잠재의식이 꿈을 꾸게 하는 것이라면
내 악몽은 무엇일까

무수히 지나간 긴 세월을 더듬으며
마디마다 맴도는 회억回憶을 성찰할뿐
각별이 의식할 사안도 없다

다만 지금은
"오늘을 감사하라"는 말씀을 새기는 중이다.

춘궁 그 추억

환희와 소생의 봄인데
봄이 무서웠던 시대가 있었습니다.

강제 공출을 당하던 시대나
일제에서 해방이 되고난 시대나
춘궁은 마찬가지였습니다

그 시대를 겪은 세대는
삶의 줄기를 어찌 이어왔는지
지금도 골수에 통증이 남아있습니다

이념이나 사상이 춘궁을 이기지 못하고
손발이 닳도록 살아온 세대
지금도 봄이면
세상 돌아가는 물정을 보면서
두려운 걱정을 하게됩니다.

섣달 그믐

마주친 시간이 스쳐지나고
어둠이 내리는 고요 속에
앙상한 생애가 반추되고 있다.

시시각각 변해가는 존재물
변함없이 다시 만날 수는 없지만
미련 없이 가 버리는 순환의 틀

자정을 기다렸다 울리는
종소리
그 울림은 어둠으로 맞닿아있는
하늘과 땅에 여운이 번지고

밤은 소망을 기대하며
새 아침을 잉태하는
엄숙한 시간의 정점에 놓여있다.

5월 이야기

산과 들이 푸르게 출렁이는 5월
대지에 초록비가 내리고

초목은 조용히 빗소리를 들으며
지나온 시간 속에서
진실하게 기다려온 그들의 소망을 기억한다

일찍 꽃이 피었다 떨어진 자리엔
새로운 성장의 설계가 무성하고
자연은 하루가 다르게 변해간다

해가 지고나면
달빛마저 청묵색 어둠에
나는 그림자 하나 가슴에 품은 채
아무도 모르는 5월 얘기를
혼자서 꺼내어 묵상하고 있다.

■ 평설

허무虛無 속에서 실존實存찾기

愼鏞協
시인, 충남대명예교수

1. 들어가는 말

우리 시대의 원로문인으로 잘 알려진 최송석 시인의 제8시집 『꽃 한 송이』의 평설을 맡았다. 호형호제 사이지만 《호서문학》 시대부터 시작하여 현재는 《한국문학시대》에서 나와 함께 고문으로 활동하고 있는 望九의 원로문인이다. 우리 문단에서는 〈강직한 선배〉 문인으로 통하는 존경 받는 문인이다.

1984년 《시와 의식》으로 등단. 한국문협 충남지부 사무국장으로 시작하여 한국문협 대전광역시 지회장. 한국문인협회 시분과 이사. 국제PEN 한국본부 이사 등 여러 단체의 회장 감사를 역임하면서 대전광역시 문화상, 국제

PEN한국본부 문학상(시부문) 등 여러 단체의 상을 수상하였다.

시집으로는 제1시집 『그림자를 위한 향연/김용재 평설 외로움의 美學과 補償의 詩』(1988)을 비롯하여 『풀빛 바람 곁에서/손종호 평설 否定과 虛無意識의 超克』(1993) 『우리는 절망을 탄핵할 수 없다/김용재 평설 절망과 순리와 새날의 아침』(2003) 『사랑은 별빛이다/김용재 평설 사랑, 그 별빛과 가슴 속 빈 자리의 울림 』(2012) 『창 밖을 보다가/김용재 평설 운명 위에 건축한 순리의 세계』(2016) 『저무는 날의 명상/김용재 평설 황혼의 시심이 더 뜨겁다』(2018) 『초록비 내리는 아침에/김용재 평설 희망과 허무감각의 이중주』(2021) 등을 상재하고 이번이 여덟째 시집이다. 그 사이 셋째 시집 이전 권천학, 김용재, 박영규, 장 덕천 등과의 합동시집 『이올리안 하프』(1998)가 있다.

최송석의 시는 현실에 뿌리 박고 있는 가운데 비판의식이 보이기도 하고 현실을 부등켜 안고 있는 고뇌가 드러나기도 하면서 희망과 절망이 교차하는 가운데 더 높이 초월하려는 몸짓을 보여주고 있다. 따라서 나는 역사주의 비평방법과 형식주의 비평방법을 겸용하는 태도로 그의 시에 접근하겠다. 역사주의 비평방법은 19세기 쌩뜨 뵈브와 이뽈릿 테느의 비평방법을 말하는 것으로 〈작가의 환경과 의도〉를 참고하여 비평하는 방법이다. 그런데 20세기에 넘어오면서 역사주의를 반대하여 일어난 비평이 형식주의 비평이다. 이미 죽은 작가의 의도란 연구자의 추측에 불과하며 〈의도의 오류〉가 발생하기 쉽기 때문에 아예 작가를 제외하고 〈작품 그 자체〉를 연구한다는 비평방법이다. 여기에는 소쉬르와 로만 야콥슨 등의 언어연구에 힘입어 나타난 구조주의와 러시아의 형식주의, 그리고 영미 특히 미국 밴더빌트 대학에서 일어난 뉴크리티시즘(new criticism), 그리고 기호학과 현상학 등이다. 나의 평설에서는 현상학에서 방법을 찾고 있다.

2. 생성과 소멸의 현상학

현상학(Phånomenologie)이라는 용어는 철학에서 사용되기 시작하여 문학비평용어로 오늘날 자주 쓰이고 있다. 현상학의 이론은 에드먼드 훗설(Edmund Hussurl 1859-1938)의 이론으로 그 후계자인 마르틴 하이데거(Martin Heidegger 1889-1976)에게서 문학비평 용어로 쓰이고 있다. 나는 하이데거의 저서 『詩와 科學』 -횔더린과 릴케의 시세계-(蘇 光熙 譯)과 『하이데거의 시론과 詩文』(전 광진역)을 원용하여 최송석의 시를 해석하면서 감상 평가하고자 한다 훗설의 〈判斷中止

(reduction;bracketing)〉와 〈志向性(intentionabity)〉, 그리고 하이데거의 〈언어가 말한다(Language speaks)〉는 이론에 따라 최송석의 시를 살펴보겠다.(尹在根 著『萬海 詩와 主題的 詩論』p.15 참고)

바람이 나를 실어가고 있었다

아무도 모르게
왔다 가는 바람은

앙상한 가지를 흔들다
흰 머리칼을 스치며
가버리는 바람은
속으로 생성과 소멸의 혼을 품고
지나가고 있었다

어리석게도
바람은 바람일 뿐
왔다 가는 속내를 까맣게 모르고
흘러가는 세월만 따라가고 있었다
― 「바람」 全文

첫 줄에서 바람을 의인화하여 바람과 〈나〉를 두 존재로 보고 있다. 〈나〉는 바람에 따라가는 존재에 불과한 존재로 표현되어 있다. 아무도 모르게 왔다 가는 바람은 나뭇가지를 흔들다가 흰 머리칼을 스치며 가버리는 바람은 비밀스럽게도 〈생성과 소멸의 혼〉을 품고 지나간다. 여기서 어리석은 존재는 바람이 아니라 나다. 바람은 바람일 뿐이지만 생성과 소멸이라는 엄청난 비밀을 숨긴 채 세월 뒤에 어슬렁거리며 따라가고 있다. 바람은 사람으로 치면 육체가 없는 혼이다. 이 시는 바람이 어리석은 것처럼 표현하고 있지만 정작 어리석은 존재는 나다. 바람의 속내조차 모르면서 바람을 따라가고 있으니까.

　이 시의 비밀은 〈생성〉과 〈소멸〉에 있다. 하이데거는 『존재와 시간』(1928)이라는 명저를 내놓아 실존철학의 거목이 되었다. 모든 존재는 생성과 소멸을 시간과 더불어 반복한다. 태어난 것은 반드시 죽는다. 자서전 『말』로 노벨문학상을 1964년도에 수상한 장 폴 사르트르의 명제처럼 〈존재는 본질에 선행한다〉는 이런 근원적 인간 존재가 實存이다. 앞의 인용한 시 「바람」에서 〈어리석게도〉라는 표현은 누가 어리석다는 말인가? 최송석 시인이 왜 모르겠는가 슬쩍 바람이 어리석다고 숨긴다. 시의 〈감춤〉이라는 수법이다.

　최송석 시인은 바람의 시인이라고 불러야 할 것 같다.

〈바람〉의 시를 다른 시집에서도 여러 편 읽을 수 있기 때문이다. 제1 시집에 있는 『바람길』이라는 작품은 조상의 묘역을 찾아가는 길을 〈바람길〉이라는 제목으로 쓴 시였다. 제2 시집에는 『바람』 ⅠⅡⅢ의 서로 다른 내용의 작품이 있다. 제3 시집의 『바람』은 생명의 主神으로 표현하고 있다. 제4 시집의 『바람』은 생명체들이 바람을 만나서 생성과 소멸을 반복한다는 원리를 말하는 것 같다. 제6 시집의 『바람』은 은밀한 이야기로 동백 또는 복수초에 비유하고 있다. 종합해 보면 바람은 은밀한 가운데 생명체를 살려내는 主神이며 생성과 소멸의 영혼으로 명명하는 듯하다.

시는 쉽게 썼으면 좋겠다. 그런데 신춘문예나 젊은 시인들의 시에는 난해한 시가 많다. 쉽게 써도 감동을 주지 못하면 좋은 시가 못 되지만 난해시 가운데에도 좋은 시가 있다. 이상의 시는 난해시 이면서 좋은 시로 정평을 얻고 있다. 오늘날 시가 독자로부터 외면당하는 이유는 난해성과 무감동성이라고 말하고 싶다. 그래서 평자는 좋은 시란 〈쉽고도 어려운 시〉라고 말하고 싶다. 모순되는 말 같지만 〈쉬운 시〉는 표현을 말함이요, 〈어려운 시〉란 높은 경지를 의미한다. 표현은 쉽게 경지는 높게 쓴 시를 나는 〈좋은 시〉로 보고 싶다. 최송석의 시 『바람』을 〈쉽고도 어려운 시〉 즉 〈좋은 시〉로 평하는 이유는 표현은 쉽지만 〈생성〉과 〈소멸〉의 문제를 바람을 통하여 바라보고 있기 때문이다. 뿐만 아니라 시는 〈드러냄〉과 〈감춤〉이라는 코울릿지의 시론까지, 그리고 〈어리석게도〉라는 표현으로 독자를 감동시키고 있다.

3. 문명에 갇힌 사랑을 찾아 기다리는 심정

 최 시인의 연보를 보면 1937년, 충남 예산 삽교읍 출생으로 그곳에서 국민학교를 다니다 8·15 해방을 맞았고, 중학 재학시절 6·25 한국전쟁을 겪으면서 기독교 신앙 때문에 반동으로 몰려 고통을 받았고, 대학 재학 중에는 4·19 혁명을 치른 불운의 세대다.
 문학에 대한 꿈은 고교 시절부터 습작 활동을 하면서 유명 시인의 시집을 구해 필사하며 공부했고, 충남대학 국어국문학과를 다닐 때는 심문회(尋文會)라는 문학동인을 만들어 습작 활동을 계속했다고 한다.
 사회에 진출해서는 수년간 서울에서 근무하다가 이직(移職)한 곳이 충청남도 교육회 《충남교육》 주간으로 직장을 옮기게 되었다. 직장을 옮긴 후 〈신문주간〉 〈교직부장〉을 겸직하면서 업무는 폭주했고, 맡은 업무를 수행하기 위해서는 관계법규를 공부하지 않고서는 업무를 제대로 수행할 수 없어 고시생처럼 법률공부를 하다 보니 사

생활의 폭은 한없이 좁아졌다고 한다.

그래도 문학에 대한 의지는 단절하지 못하고 있다가 주변의 권유로 知天命이 넘어서 1984년에 비로소 《詩와 意識》 신인상으로 등단하게 되었다고 한다.

그는 자기의 생애를 돌아보면서 남달리 굴곡이 많은 생애였음을 고백하였다.

詩가 체험에서 나온다면 그의 시는 부정과 비리를 간접 체험하면서 얻은 사회 비판의 시가 될 것이다. 그는 부정적 체험에서 비롯된 허무 의식 속에서 실존 찾기가 그의 문학이라고 생각한다는 것이다. 최 시인은 스스로 자문자답으로 〈나는 누구인가?. 시인의 사명은 무엇인가?〉를 생각하면서 시를 썼다고 고민을 털어 놓았다.

누구의 사랑이냐
첨단문명 시대
굴레에 갇힌 인정

문명의 벽은 새로운 벽을 만들고
바라보아도 보이지 않는

절박하리
모두를 버리게 되는 무서운 순간에도

우리는 두렵거나 아픈 감각을 느끼지 못하고
먹먹히 눈만 멀뚱거리다가

어느 순간 내가 꽃이 되기도 하고
누군가 한 송이 꽃으로 떠나고 마는
- 『꽃 한 송이』 全文

가슴에 등불 하나 걸어 놓고
잃어버린 사랑을 찾아
어둠과 마주 서 있다

허망히 지나간 시간은
굴곡진 무늬로 박혀있고
등불 아래 드리운 그림자
모두 허상으로 떠있다

내 진실한 고백
온유한 사랑 하나 기다리는데
아직껏 그 손길 미치지 못하고
하얗게 부서지는 독백

기다림은

등불의 심지를 돋우며

다시 간절한 소망의 고백에 든다

　　　－「등불 하나 걸어놓고」 全文

　인용한 두 작품의 공통점은 무엇인가? 잃어버린 사랑과 그 사랑을 다시 찾고자 하는 소망과 기다림이다.「꽃한 송이」에서는 첨단 문명에 갇혀버린 사랑을 눈만 멀뚱거리다가 어느 순간 꽃 한 송이가 되기도 하고 이 세상 떠날 때는 꽃 한 송이로 떠나가고 끝나니, 그의 시는 절박한 세상, 허무한 마음을 형상화하는 반면,「등불 하나 걸어놓고」에서는 온유한 사랑을 간절한 소망으로 기다린다는 고백을 하고 있다. 최송석 시인은 휴머니즘 시인이다. 시와 시인이 일치한다

　그는 AI 첨단 과학문명 시대 사랑이 문명에 갇혀버린 시대에 잃어버린 人情과 허망하게 지나간 시간을 찾고 있다. 허무 속에서도 실존을 찾아가는 시인이다. 시인의 사명이 무엇인가 하이데거는 그의 저서 『하이데거의 詩論과 詩文』(探求新書 210 全 光珍 譯 34쪽)에서 묻고 있다. 하이데거는 그 답을 횔더린의 장시『빵과 포도주』와 릴케의 장시『두이노의 悲歌』와『오르페우스에게 바치는 14행 詩』에서 찾고 있다. 그런데 하이데거가 찾는 것이 〈가난한 시대〉에 잃어버린 神을 찾는 것이었다면 필자가 최

송석 시인의 시집에서 찾는 것은 제4차 산업사회에서 이미 오래전에 잃어버린 휴머니즘 정신이다. 최송석 시인은 〈가슴에 등불 하나 걸어놓고〉〈온유한 사랑 하나 기다리는데〉〈아직껏 그 손길 미치지 못하고〉〈하얗게 부서지는 독백〉이라는 싯구와 함께 절망하고 있다. 바로 이런 것이 시인의 使命이 아니겠는가?

4. 이 시대 시인의 使命은 무엇인가

하이데거는 이 시대가 〈가난한 시대〉, 〈옹졸한 시대〉, 다시 말해서 神을 잃은 시대임을 말하고 위의 두 시인에게서 찾았다. 그것이 그의 횔더린과 릴케의 시세계인 『詩와 哲學』(소 광희 역)이라는 번역서이다. 횔더린의 장시인 『빵과 포도주』를 분석하면서 詩의 本質을 〈神의 눈짓〉과 〈民族의 소리〉라고 말했다 나는 최송석의 시를 평설하면서 이 시 시대를 〈가난한 시대〉 즉 휴머니즘을 잃어버린 시대라고 진단하고 그 증거를 최 시인의 여덟 번째 시집 『꽃 한 송이』에서 찾아 읽고자 한다 이 시집의 의미는 오늘날 잃어버린 휴머니즘을 되찾는 일이 〈詩人의 使命〉이라고 보기 때문이다. 무신론적 실존주의자 니체는 〈神은 죽었다〉고 선언했다. 이 말은 루시앙 골드만의 〈숨은 神〉과 같은 뜻이다 〈가난한 시대〉〈옹졸한 시대〉를 의미하는 말이다.

벽에 걸린 한 해 달력
마지막 남은 한 장을 볼 수 있다면
남아 있음에 감사하라.

손끝에 잡히는 계절을 감사하라
걸어서 큰 길로 나와 차를 탈 수 있다면
그 희망에 대하여 감사하라

끝없는 광야에서 삶이 헤매고 있을 때
내일이란 희망을 믿을 수 있다면
그 희망에 대하여 감사하라

절박한 고독에 직면할 때
속으로 파고드는 내 안의 진실한 언어
기도할 수 있음을 감사하라
－「감사하라」全文

가슴 시린 계절 황량한 자리에
당신의 존재 변함없는 사랑
내 허망한 근심에 사랑을 내리소서

맨발로 걸어온 길

두렵기도 하고 외롭기도 할 때

내 영혼 속에 들어와 나를 바라보게 하고

미련한 생각을 잠재우신 당신의 사랑

세상은 잠시동안에도

수시로 변하는 각축(角逐)의 바람 속에

사방에 도사린 배리의 장벽이

내게도 들어서기 시작할 때

당산의 손길로 사랑을 내리소서

아무도 보이지 않는

당신의 손길을 알게 하시고

내가 경외(敬畏)하는 사랑을

진실로 사랑하게 하소서

　　－『사랑하게 하소서』全文

하이데거는 『存在와 時間』(전 양범 역)이라는 명저를 내놓아 오늘날 20세기의 철학인 실존주의 철학에서 대가의 위치에 섰다. 그는 훗설의 제자로 현상학파에 속한다. 김 형효는 그의 저서 『하이더거와 화엄사상』에서 동양의 불교와 비교 연구로서 화엄사상인 〈一卽多〉〈多卽一〉에 접근시키고 있다.

하이데거가 발견한 횔더린의 〈시의 본질〉은 무엇인가 그는 두 가지를 들었다. 첫째로 〈詩는 神의 눈짓〉이며 둘째로 〈詩는 民族의 소리〉라고 하였다.

최송석 시인은 기독교 가정에서 성장한 기독교인이다. 위의 인용한 두 작품은 기독교 생활의 기본이 〈감사하는 생활〉이요, 〈사랑하는 생활〉이다. 인용한 시작품은 쉽기 때문에 해설하지 않겠다. 이 두 작품의 의미는 오늘날 가난한 시대가 요청하는 〈마음〉이요. 〈생활〉이라고 본 필자의 판단에서 인용한 것이다. 잃어버린 휴머니즘을 회복하려면 감사하는 마음과 사랑의 실천이 필요하므로 최송석 시인의 시가 필요한 것처럼 휴머니즘을 부르짖는 것이야말로 이 시대 시인의 사명이 아니겠는가.

5. 문학은 체험이다

문학은 체험으로부터 나온다. 이런 주장은 동서양이 같은 주장인 것 같다. 가까이는 독일의 라이너 마리아 릴케의 『말테의 수기』에서부터 우리나라에는 최재서의 『문학원론』, 특히 박용철 시론인 「詩的 變容에 대하여」에서 찾을 수 있다. 모더니즘을 소개한 평론가 김기림은 〈시는 만드는 것〉(金起林의 『詩論』 백양당.1947) 으로 보아 체험을 중요시하지 않았지만 박용철은 시라는 꽃은 그가 자란 기후를 말하지 않는다고 하면서. 기후 즉 환경과 체험은 피 가운데로 용해되어 잊혀진 후 어느 날 시로 환생하는 것이라고 했다. 30년대 우리나라의 두 가지 반대되는 주장에 대하여 필자는 박용철의 주장을 따르면서 〈시는 시인의 魂으로 쓰는 것이다〉라는 주장까지 덧붙여서 강조하고자 한다.

아래에 최 시인의 시를 인용해 보겠다.

> 내 가냘픈 영혼
> 그 깊은 곳으로 내리는 평화
>
> 사랑도 연민도
> 지친 일상에 숨 가쁜 호흡을
> 누구의 손길이 찾아와
> 포근히 감싸주고 있는 것이냐
>
> 생명이 갈등하는 대지 위
> 잠시나마 환희의 순간으로
> 세상을 바꾸면서
> 조용히 자신을 바라보게 하는
> 정갈한 마음이 마주 서 있다.
>   -「눈이 내리네」 全文

길고 먼 시간

어둠 속에서 꿈을 잉태하고 있었다.

겹겹이 싸이는 어둠을 더듬으며

살아있는 작은 심장 하나

깊은 꿈속에 빠져들어

내세의 꽃길을 설계하며

어둠의 장벽에서

숙명을 받아들이고 있었다

어느날

꽃이 피듯 촉수로 벽을 허물고

기어나온 껍질 밖의 세상

돌연히 만난 햇살에 영혼을 깨우며

날개는 하늘로 날고 있었다

- 「나비」 全文

앞의 시 「눈이 내리네」는 설경의 아름다움과 함께 눈이 가냘픈 내 영혼을 어루만져주고 있다. 지난 일상에 숨 가쁘게 살아온 내 일상이지만 모두 덮어주어 이제는 평화로움 마저 안겨 준다. 이 얼마나 다행한 일인가. 아귀다툼에서 간신히 빠져나온 나를 포근한 눈이 얼어붙은 내 영혼을 감싸안은 듯하니 나는 평화롭고 또 행복하구나! 독자 역시 감동을 느낀다. 여기서 시인은 고달팠던 일상사를 〈숨 가쁜 호흡〉이라는 표현으로 압축하였다. 독일어로는 시를 〈압축; Dichtung〉으로 말한다. 시 창작의 묘수는 압축에 있다. 〈생명이 갈등하는 대지 〉라고 표현했지만 구체적 설명은 하지 않고 압축했다. 상상에 맡기겠다는 뜻이리라.

그다음 시 「나비」를 작자 자신이라고 가정하고 읽어보자 시인은 오랫동안 문학에 꿈을 두고 살아왔지만 현실은 너무 〈어둠 속〉이었다. 직장에서 맡은 업무가 무겁고 힘겨웠다. 송사를 쫓아다니다 보니 세상이 부정과 비리로 얼룩져 보이고 허무해 보였다. 허무를 체험하면서 시와 멀어졌다. 이를 극복하는 방법을 찾아야만 했다. 최 시인의 신앙 기독교에서 찾기로 방향을 정해보았다.

〈어둠의 장벽에서〉〈숙명을 받아들이고 있〉던 〈어느 날〉〈벽을 허물고 기어나온〉 나비를 보는 순간 저 〈나비〉가 〈나〉라는 것을 깨달았다

이 시의 주인공 나비는 〈돌연히〉〈햇살〉을 만나 잠들었던 〈영혼〉이 깨어나 〈하늘로〉 날아오른다. 이때 나비는 시인 자신을 말한 것이다. 羽化登仙이였다

실존주의 철학의 계보를 거슬러 올라가면 유신론적 실

존주의에 키에르케고르와 무신론적 실존주의에 니체가 있다. 최송석 시인은 독실한 기독교인이므로 전자에게서 방향을 모색해야 한다, 키에르케고르는 올바른 신앙을 아브라함의 燔祭(번제)(성경 구약 창세기 22장 외아들을 바치는 아브라함)에서 찾고 있다.

6. 제4차 산업화 시대, 시인은 어디에 숨어 있는가

〈허무에서 실존찾기〉에 나선 최송석 시인은 키에르케고르에게서 방향을 찾아 나섰다. 키에르케고르는 우선 참다운 신앙을 아브라함의 燔祭에서 찾기로 한 점이다, 그는 실존에는 세 단계가 있다고 말한다.

첫째 단계는 미적 실존(aesthetic existence)이요

둘째 단계는 윤리적 실존(ethical existence)이요

셋째 단계는 종교적 실존(religious existence)이란다

키에르캐고르에 의하면 미적 실존의 단계는 인간의 존재를 권태로 파악하는데서 비롯한다. 「태초에 권태가 있었다」 신들은 권태를 느꼈다. 그래서 인간을 만들었다. 아담은 혼자였기 때문에 권태를 느꼈다. 그래서 이브를 만들었다고한다. 그리고 이 순간부터 지상에도 권태가 시작되었고 사람의 수에 비례하여 권태는 증대되었다는 것이다. 권태가 생의 본질이라는 것이다. 이 권태를 인생에

서 몰아내고 향락에 도취하고 생활에서 망각하기 위하여 인간은 쾌락을 추구하고 향락에 도취하고 새로운 변화를 요구하고 그 방법으로서 쾌락의 윤작을 한다는 것이다. 미적 실존은 생의 본질인 권태를 잊는 기술로써 향락을 윤작하는 것이라고 주장한다. 그리하여 미적 실존은 결국 실망을 하게 된다. 여기서 미적 실존은 필연적으로 윤리적 실존 단계로 넘어가야 하는 것이다

미적 실존이 향락적인데 반하여 윤리적 실존은 양심적이다.

양심의 입장에서는 엄숙하고 진실하고 진지한 실존이다. 키에르케고르는 윤리적 실존의 핵심 원리를 의무의 이행에 두었다.

종교적 실존은 최고 최후의 단계로 신앙을 가지고 살아가는 실존이다. 종교적 신앙적 실존의 세계가 열리려면 현실의 자기에 대해서 한번 절망을 할 필요가 있다. 절망은 죽음에 이르는 병이다. 절망은 생의 부정적 계기다. 그러나 절망은 우리로 하여금 높고 깊은 종교적 신앙의 세계로 비약하는 발판과 계기가 된다. 절망은 생의 긍정적 계기가 된다. 여기에 절망의 역설적인 변증법이 있다. 「절망은 죽음에 이르는 병이면서 죽음에 이르는 병이 아니다.」라고 키에르케고르는 말한다. 그는 『이것이냐 저것이냐』에서 미적 실존과 윤리적 실존을 밝힌 다음 『공포와 전율』

『불안의 개념』『죽음에 이르는 병』『철학적 단편 후서』 등의 저술에서 종교적 실존과 신앙의 본질을 천명하였다. 인간과 신 이것이 키에르케고르의 철학적 중심 문제다. 그가 말하는 실존 문제는 「神 앞에 서는 개인」이다. 불안은 동물에게는 찾아볼 수 없고 오직 인간에게만 있다.

범인에게는 불안이 적고 천재에게는 불안이 많다. 키에르케고르는 「우리는 불안을 배워야 한다」고 말하였다.(일부 필자 논문 인용)

최송석 시인은 자신이 겪은 시대의 비극이라면서 세 가지를 들면서 나에게 들려주었다. 첫째는 身病 치료, 둘째는 직장의 고달픔, 셋째는 가족(家族)의 死別 등이다. 살아가면서 겹치는 허무감에 도사리고 살아왔지만 望九의 나이에 요즈음은 기독교 신앙을 다시 깊이 생각하는 중이라고 한다. 수없이 겹쳐 쌓이는 허무 속에서 그래도 무너지지 않고 도사리고 살아온 내 實存을 말하고 싶어 시를 짓는다고 심경을 토로하였다. 문학은 체험이기에 대화도 필요하다고 생각한다. 그러면 다시 그의 시를 읽어보자.

민박집 뒤로 언덕을 오르는 길
어둠 속으로 별빛이 내리고
더듬거리며 걸어가는 밤길은
어릴 적 인내심을 길러주던 회상에 잠긴다.

5년제 공립중학교에 입학해서

새벽 동이 트면 집을 나서 40리길 등교하고

하교 40리, 집까지 도착은 거의 밤길이었다

자갈이 깔린 신작로 돌부리에 발톱이 멍들고

어린 나이 왕복 학교길은 뼈저린 고행이었다.

신작로를 지나 들길 둑길을 혼자 걸어서 동구에 이르면

등불을 치켜들며 내 이름을 부르시던 어머니

지금 이 어두운 민박집 뒷길은

내 어린시절 밤길이 새롭게 투영되고 있다

　　　　　　　　　　　－「밤길」全文

구름처럼 피어오르던 벚꽃

밤 사이 비바람에 떨어지고

어쩌다 슬픈 이별이

습관처럼 일어나는지

투병 중이던 친구 환절기를 견디지 못하고

손전화에 이별 메시지가 적혀 있다

생사길

점멸하는 신호등인가

섭리로 주어진 길 모를리 없지만

이제는

슬픔보다 그리움이 더 짙은 우리 세대

화려하던 꽃길에 흩어진 잔해

하얀 영혼이 바람에 쓸려간다.

– 「벚꽃 지던 날」 全文

앞의 작품 「밤길」은 일제강점기 5년제 공립중학교 시절 40리나 멀리 떨어진 학교를 다닌 고생스러웠던 기억을 쓴 시다. 시 속의 학생이 이 시를 지은 최송석 시인일 수도 있고 아닐 수도 있지만 작자라고 생각하고 감상하기로 하자. 하교 후 40리 길을 걸어서 집 가까이 오면 어머니가 동구 밖까지 호롱불을 들고 마중을 나오셨을 때 얼마나 고맙고 반가웠을까. 눈물이 핑 돌았을 것 같다. 이런 정경이 인정이 넘치는 휴머니즘이 아니냐 싶다. 〈이제는/ 슬픔보다는 그리움이 더 짙은 우리 세대〉라고 회상한다.

다음으로 「벚꽃 지던 날」 시인은 친구가 보내온 마지막을 알리는 메시지를 보았다. 〈생사의 갈림길〉을 느꼈을 때 얼마나 안타까웠을까. 〈점멸하는 신호등인가〉라는 표현이 진실한 체험으로 느껴진다. 학생 때는 희망이라도 있기 때문에 참고 견디지만 늙어서는 모든 것을 운명처럼 체념해야 한다. 〈화려하던 꽃길〉은 젊은 시절 화려한 이력을 말한다면 노년이 되어 능력도 희망도 없어 흰 머리카락만 바람에 날린다고 한스러워한다. 시인은 허무를 느끼고 있다. 한편 허무를 극복하려면 신앙심을 더 키우는 수밖에 없을 것 같다. 마지막으로 그가 거는 기대는 무엇인가? 다음 작품을 읽어 보자.

어둠에 밀려온 우울 때문에
밤새 불면에 들다가
온몸이 저려오는 통증으로
어지러운 밤을 지내고

그래도 동트는 아침 햇살이 있어
떠오르는 햇살을 지켜보면서
나는 한동안 아무 말도 하지 못했다

햇살이 떠오르고
등줄기를 타고 내려오는 햇살이
전신에 퍼져 속까지 전율을 느낄 때
안으로 퍼지는 내 육신의 평화

오늘도 맞는 하루 햇살이

다시 당신을 믿을 수 있는 소중한 증거라면

나는 오늘 하루를 어떻게 감사해야 할까.

—「아침 햇살」全文

  이 시는 4연으로 된 자유시다. 첫째 연부터 살펴보자. 〈어둠〉은 시인의 환경이다. 가정 환경일 수도 있지만 사회 환경일 수도 있다 그가 살아온 80 평생이 한마디로 〈어둠〉이다. 일제강점기에 중학교까지 다니다가 해방을 맞이했고 한국 전쟁을 겪은 뒤 4·19혁명과 5·16 군사 쿠데타, 5·18 광주 민주화 운동 등 가난과 사회불안 속에서 살아왔다. 이것은 모두가 겪은 역사이나 시인이 겪은 개인적 환경이 있을 것이다. 이 시집의 촌평을 맡으면서 시인으로부터 자전적 이야기를 자세히 들었다. 대학에서 문학을 공부했고 대학의 학보사에서도 일한 경력이 있어 졸업 후에는 충남교육위원회 산하기관인 (충남교육) 신문사에서 (편집)을 맡아 일하면서 교육계에서 일어나는 분쟁을 해결하는 소송문제에 교사의 권익보호 역할을 해결하는 직무를 맡았다고 털어놓았다. 이때 이 어려운 업무를 맡으면서 억울한 일 부조리한 사건을 해결하기 위해 법률공부까지 했다고 고충을 하소연했다. 그런 직업상의 체험을 쓴 것이 자기의 시라는 것이다. 그런 사회의 비리나 부조리를 대하면서 사회의 어두운 면을 체험하면서 절망과 허무를 느꼈다고도 했다. 〈그래도 동트는 아침 햇살이 있어〉〈평화〉를 얻었다고 위안으로 삼았던 것이다. 제4연에서 〈햇살〉이 〈당신〉을 느끼게 하는 증거라면 〈감사〉해야 한다고 말했다. 이때 〈당신〉은 기독교의 〈하나님〉이다. 〈원인〉과 〈결과〉를 화살표로 도식화하면 아래와 같다.

〈어둠〉 → 〈우울〉 → 〈불면〉 → 〈통증〉
〈당신〉 → 〈햇살〉 → 〈평화〉 → 〈감사〉

걸어가는 길 위에 바람이 불고
어느 지점에선가 멈춰선 시간
속으로 파고드는 바람의 무게가
감당하기 힘들만큼 무겁다

멈춘 시간이 길어질수록
내 안에 도사리는 잡을 수 없는 형체
무엇을 잡아야 할지를 끝없이 생각하다가
다시 부딪쳐 만나는 빈 시간

나는 나도 모를 절실한 소망 하나

마음 속에 싹트고 있음을 알게 되고

그것을 위해 길 위에 선 시간을 붙잡고

보이지 않는 바람 속을 뒤지고 있다.

- 「기다림」 全文

〈기다림〉은 시간과의 싸움이다. 〈시간〉을 〈길〉로 형상화할 수 있다. 시 쓰기는 형상화이다. 〈마음〉 속에는 〈소망〉이 있고 그 소망을 〈바람〉 속에서 찾고 있다. 이 시인은 자기도 모르는 절실한 소망 하나를 시간을 붙잡고 길 위에서 찾고 있다. 소망이 무엇일까. 기계화로 인해 과학의 발달로 인해 점점 사라져 가고 있는 인간미, 즉 휴머니즘이 아닐까? 인간미가 사라진 경쟁사회는 살맛도 사라지는 사회다. 인간다운 사회로의 회복 그것이 복낙원이다 우리는 지금 과학이 발달한 문명사회에서 부를 누리며 살고 있지만 인간미를 상실한 실낙원에서 살고 있다. 사랑이 없는 사회는 사막과 같은 사회다. 그래서 그리스도는 이 집의 주인이요. 보이지 않는 손님이요 모든 대화에 말없이 듣는 분이다. 살전(16-18)에서는 〈항상 기뻐하라〉 〈쉬지말고 기도하라〉 〈범사에 감사하라〉고 하였다. 이런 삶으로 돌아가고 싶은 것이 시인의 〈소망〉 하나가 아닐까 추측해 본다.

7. 마무리

　최송석 시인은 휴머니즘을 사랑하는 시인인 것 같다. 그는 문학을 하려면 사람부터 되라는 말을 한다. 옳은 말이다. 사르트르(J. P. Sartre 1902~1980)는 1946년 『실존주의는 휴머니즘이다』를 발표한 이후 1964년도에는 자서전인 『말』(1963)로 노벨문학상 수상자로 선정되었으나 수상을 거부한 것으로 더욱 유명해졌다. 그의 유명한 말로 「존재는 본질에 선행한다」는 명제가 있다. 인간은 동물과 달리 〈언어〉를 사용한다. 언어를 가지면서 〈思考〉한다. 인간은 〈思惟〉를 하면서 〈自由〉를 누리고 자유로이 행동을 〈選擇.〉하고 자기가 선택한 행동을 〈責任〉지며 〈運命을 創造〉한다. 이것이 실존주의에 의해 바라본 인간의 존재 즉 實存이다. 실존은 인간에만 사용되는 개념이다. 유아기에는 인간의 모습보다는 동물적 본능에 더 가깝다. 그래서 「존재는 본질에 선행한다」고 말하는 것 같다. 유아기는 〈存在〉적 인간에 불과하지만 성인이 되면서 〈實存〉적 인간이 되는 것이다. 〈깨달은 인간〉 즉 〈스스로 自由로이 選擇한 행동에 責任질 줄 알고 창조적 運命을 받아들이는 인간〉이 〈실존(Existence)〉적 인간이다.

　〈自由〉 → 〈選擇〉 → 〈責任〉 → 〈運命創造〉

1957년도에 노벨문학상을 수상한 알베르 카뮈(Albert Camus 1913~1960)에게는 『시지프 신화』에 나오는 이야기가 그것과 비슷한 이야기다. 그는 뫼르쏘의 『이방인』, 베르나르 리외의 『페스트』, 장 바띠스트 끌라망스의 『전락』 등의 소설을 썼다. 그 가운데 리외의 성실성과 책임감과 희생정신이 實存 인물의 표본이다. 장 바띠스뜨 끌라망스라는 사회사업가 역시 實存 인물로 창조된 인물이다. 뫼르쏘는 不條理(二律背反)의 인물이지만….

평설의 제목이 〈허무 속에서 실존 찾기〉인데 이 제목은 최 시인이 말해준 그대로 썼다. 서두에서 밝힌 대로 역사주의 연구방법을 도외시하지 않고 시인의 철학을 바탕으로 삼았기 때문이다. 그러나 작품분석과 해석 평가의 방법은 형식주의 중에서도 현상학적 방법인 하이데거의 詩論에 의존하였다. 하이데거의 『詩와 哲學』-횔더린과 릴케의 시세계-(박영사)과 『하이데거의 詩論과 詩文』(탐구신서 210)이 많은 도움이 되었다. 연구의 방법론을 찾는 데는 李商燮의 『문학 연구의 방법』(탐구당)에 의존하였음도 밝혀 둔다. 그리고 실존주의를 위해서 키에르케고르의 철학 저서로부터 시작하여 사르트르와 카뮈의 여러 소설이나 연구 저서들을 참고하였다. 20세기와 21세기 한국문학에 크게 영향을 끼친 문학 사조가 실존주의와 모더니즘이기 때문에 이들의 영향관계도 살펴야 할 것 같다. 그리고 평가는 I.A. 리처즈의 명저인 『문예비평의 원리』(현암사)를 참고했다. 평가에는 독자의 공감이 필요하다는 점에서 그의 주장을 따랐다.

　최송석 시인의 시가 앞으로 더욱 발전되기를 기대하며 아울러 건강과 행운을 기원한다.

오름시인선 · 71

꽃 한 송이

저 자 최송석
발행일 2024년 11월 1일
발행처 기획출판오름
발행인 김태웅
등록번호 동구 제 364-1999-000006호
등록일자 1999년 2월 25일
주소 대전광역시 동구 대전로 815번길 125
전화 042-637-1486
e-mail orumplus@hanmail.net

ISBN _ 979-11-89486-94-5

값 12,000원

· 본 책 내용의 전부 또는 일부를 재사용하려면 반드시 저자의 동의를 얻어야 합니다.
· 지은이와의 협의에 의해 인지는 생략합니다.
· 이 책은 한국예술인복지재단에서 발간비를 지원 받았습니다.